D
~~M~~eine
VEGANEN
REZEPTE

Impressum

Produktmanagement: Annika Genning, Franziska Sorgenfrei
Gestaltung, Satz und Rezepte: Katharina Bretsch – Jumi Jami Illustration
Repro: Repro Ludwig, Zell am See
Herstellung: Bettina Schippel
Gesamtherstellung Verlagshaus GeraNova Bruckmann GmbH

Alle Angaben in diesem Werk wurden von der Autorin sorgfältig recherchiert und auf den aktuellen Stand gebracht sowie vom Verlag geprüft. Für die Richtigkeit der Angaben kann jedoch keinerlei Haftung übernommen werden. Für Hinweise und Anregungen sind wir jederzeit dankbar. Bitte richten Sie diese an:
Christian Verlag; Postfach 400209; 80702 München; E-Mail: lektorat@verlagshaus.de

Die Deutsche Nationalbibliothek verzeichnet diese Publikation in der Deutschen Nationalbibliografie; detaillierte bibliografische Daten sind im Internet über http://dnb.d-nb.de abrufbar.

ISBN 978-3-86244-499-1

Meins oder Deins …

… oder das von Freunden, der Mama, der Großmama, des Kollegen oder des Nachbarn? Genau genommen das alles zusammen. Für alle Gedankenfetzen und Eindrücke ist das Buch gedacht. Zum Sammeln, Ergänzen, Einkleben, Experimentieren, Notieren, Verbessern und letztendlich zum Nachschlagen der ganz persönlichen Favoriten. Prall gefüllt und nahezu aus den Nähten platzend soll es am Ende abgenutzt und bekleckert im Regal zwischen all den akkuraten und hochglänzenden Kochbüchern stehen. Genau so wird es den meisten Charme versprühen, weil die Zeit, die liebevolle Arbeit und das Herzblut, die darin stecken, deutlich zu spüren sind. Das Durchblättern der schmuddeligen Seiten ruft dann wieder ins Bewusstsein, wo man dieses oder jenes verrückt köstliche Rezept entdeckt hat, wie es an den Orten gerochen hat und mit wem man gemeinsam am Tisch saß. Es soll ein Sammelwerk sein, an dem sich sowohl Herz als auch Magen noch lange freuen können, und das beim Durchstöbern Dritte schmunzeln lässt, wenn Sie die vielen kleinen Notizen lesen.

So denn – auf, auf in die weite kulinarische Welt mit offenen Augen, knurrendem Magen und schwingendem Kochlöffel.

Go vegan ♥ Katharina Bretsch

200 ml Soja

180 ml Öl

Prs Salz

1 TL [illegible]

Creme 1

400 ml Sojasahne

~~200~~ g ~~Kokosfett~~

~~180~~ g Kokosfett

~~75~~ ml Öl

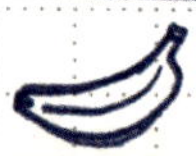

S FRIE

HAMBURGER STEAK

Mie-Nudel-Suppe

- 250 g Mie Nudeln
- 100 g Zuckerschoten
- 2 Karotten
- 5 große Champignons
- 1/2 Bund Lauchzwiebeln
- 2 Knoblauchzehen
- 1 Stück Ingwer (ca. 2 cm)
- 2 Chilischoten
- 1 EL Sesamöl
- 1 L leichte Gemüsebrühe
- 1 EL Sojasauce
- 2 EL Zitronensaft
- 1 EL Reisessig
- 1 TL Zucker
- 1 EL Reiswein
- Salz

1 Die Mie-Nudeln entsprechend der Packungsangabe in kochendem Salzwasser vorgaren und abtropfen lassen.
2 Die Zuckerschoten halbieren und in gesalzenem Wasser 10 min garen. Gut in Eiswasser abschrecken.
3 Knoblauchzehen, Ingwer schälen und zusammen mit den Chilischoten fein hacken. Im Sesamöl anbraten und mit der Gemüsebrühe ablöschen.
4 Anschließend die Sojasauce, Zitronensaft, Reisessig, Zucker und den Reiswein in den Topf geben.
5 Die Karotten schälen und schräg in Scheiben schneiden. Die Champignons vierteln. Beides mit den Zuckerschoten zur Suppe geben.
6 Bei geringer Hitze kochen, bis das Gemüse bissfest ist. Anschließend die Mie-Nudeln hinzufügen und kurz ziehen lassen. Mit Salz abschmecken.
7 Die Lauchzwiebeln in feine Ringe schneiden. Die Suppe auf vier Schüsseln verteilen. Jeweils großzügig mit Zwiebelringen bestreuen und direkt servieren.

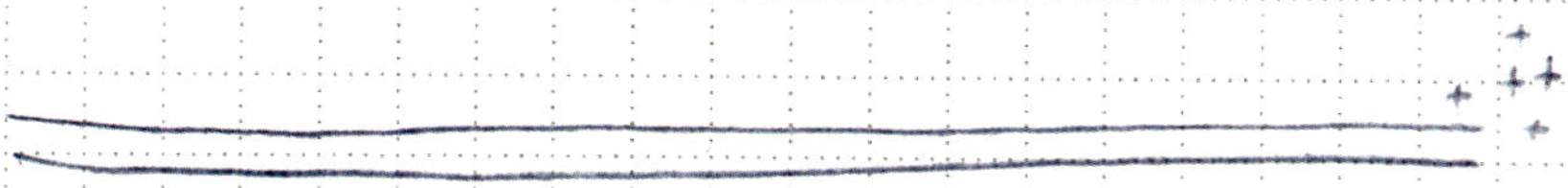

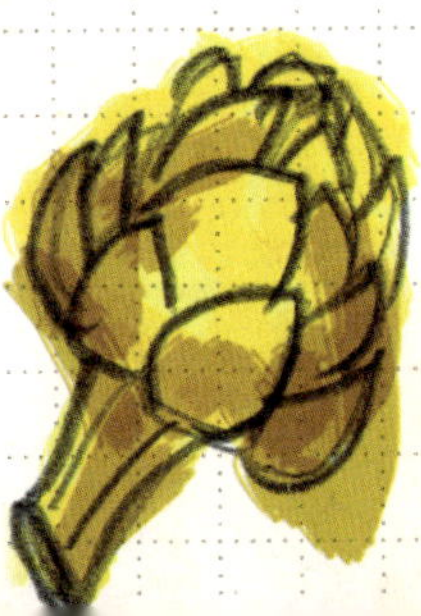

love sweets

LA BON-NOTTE
FRANÇAISE
ÂGE INCONNU
YEUX EN PROFONDEUR
CHAIR ONCTUEUSE ET RAFFINÉE
RESTE FERME À LA CUISSON
EN ROBE DE CHAMPS /
À LA VAPEUR + EN SALADE
MATURITÉ SEMI-PRÉCOCE
ROSE-MARIE
LANDE DE LUNEBOURG
2004
CONNUE AUSSI COMME
POMME DE TERRE-JAMBON

SIE-
GLINDE
ALLEMANDE
CULTIVÉE
DEPUIS 1935
CHAIR AGRÉABLEMENT
FERME
FERME À LA CUISSON
EN SALADE/À LA VAPEUR
+ EN ROBE DE CHAMPS
MATURITÉ PRÉCOCE
VIO-
NDRE
LA CORIANDRE
EST APPELÉE
« CUMIN DES
PUNAISES »
OU « ANETH DES
PUNAISES »
EN RAISON DE
« L'ODEUR »
let-

mhmm melone!

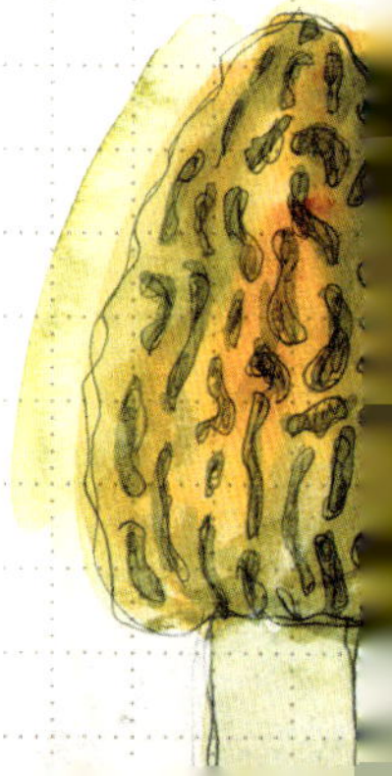

an apple a day keeps the doc away!

Rettich-Schaum Süppchen

- 600 g Rettich
- 2 Zwiebeln
- 2 Knoblauchzehen
- 600 ml Gemüsebrühe
- 250 ml Sojasahne
- Salz
- frisch gemahlener Pfeffer
- Öl

1 Die Zwiebeln und die Knoblauchzehen schälen, hacken und in etwas Öl glasig anbraten. Den Rettich schälen und grob in Würfel schneiden, ebenfalls in den Topf geben.

2 Bei geringer Hitze garen, bis der Rettich weich gekocht ist. Dann die Gemüsebrühe und 200 ml Sojasahne zufügen, einige Minuten fein pürieren.

3 Zum Schluss das Rettichsüppchen mit Salz und Pfeffer abschmecken.

4 Vor dem Servieren mit dem Pürierstab nochmals kräftig aufschäumen. Die Suppe in die Teller füllen. Die restliche Sojasahne in die Mitte geben und mit einem Zahnstocher spiralförmig nach außen ziehen.

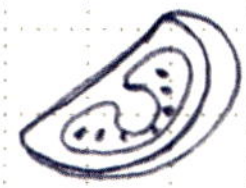

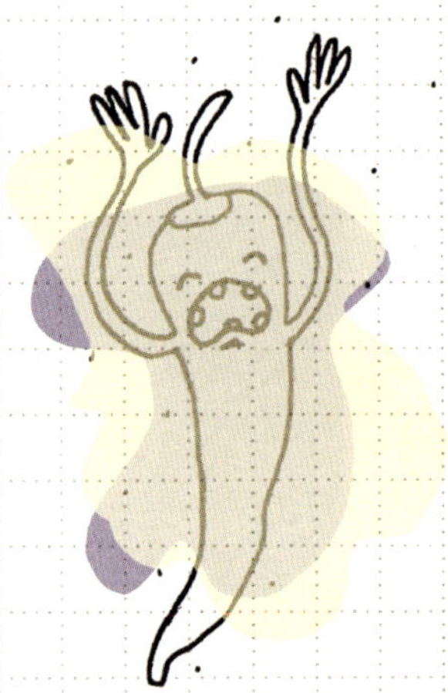

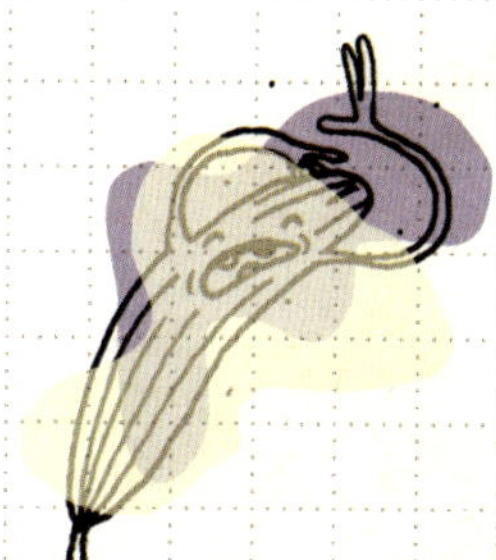

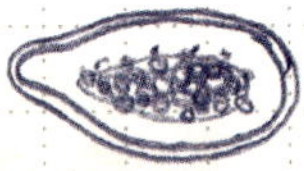

Italienischer Brotsalat

- 600g Ciabatta
- 2 Knoblauchzehen
- 500g Kirschtomaten
- 2 rote Zwiebeln
- 4 EL schwarze Oliven entsteint
- 40g Pinienkerne
- 2 Zitronen
- 4 EL Wasser
- 1 Bund Basilikum
- frisch gemahlener Pfeffer
- Olivenöl
- Salz

1 Den Backofen auf 200 °C vorheizen.

2 Das Ciabatta in mundgerechte Würfel schneiden und auf ein mit Backpapier ausgelegtes Backblech geben. Den Knoblauch schälen, fein hacken, darüberstreuen und alles mit etwas Öl beträufeln. 10–15 min im Backofen rösten und anschließend 5 min unter dem Grill golden bräunen.

3 Die Kirschtomaten halbieren. Die Zwiebeln schälen. Zwiebeln und Oliven in feine Ringe schneiden. Anschließend die Pinienkerne in einer Pfanne ohne Fett leicht anrösten.

4 Eine Zitrone auspressen. Den Saft mit je 4 EL Öl und Wasser mischen. Mit Salz und Pfeffer würzen.

5 Die Brotwürfel mit den Tomaten, Zwiebeln, Oliven und Pinienkernen in eine Schüssel geben. Die Basilikumblätter grob hacken und darüberstreuen. Das Dressing zufügen. Alle Zutaten gut mischen. Den Salat mindestens 10 min ziehen lassen, damit das Brot wieder etwas weicher wird. Kurz vor dem Servieren mit Salz, frisch gemahlenem Pfeffer und dem Saft der zweiten Zitrone abschmecken.

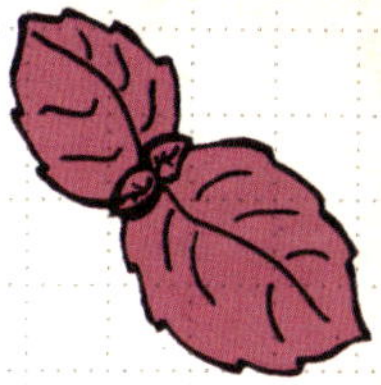

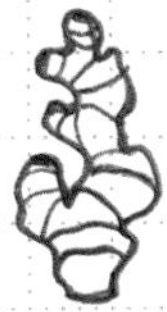

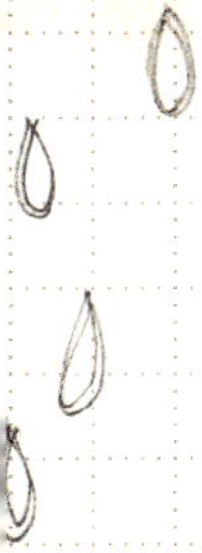

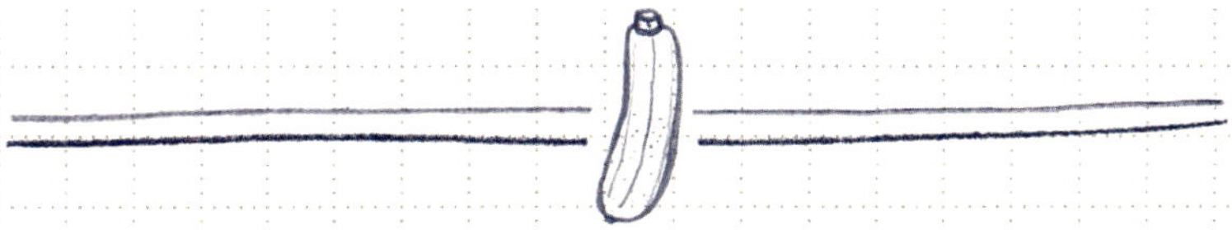

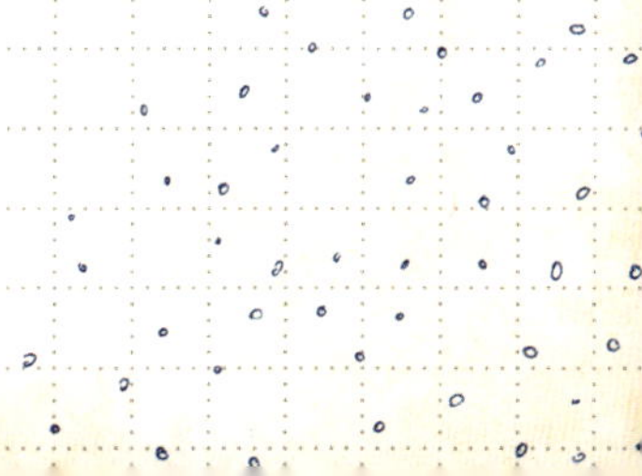

LAUWARMER SALAT VOM OFENGEMÜSE

mit Feigendressing

- 300 g Karotten
- 300 g Kartoffeln
- 250 g Süßkartoffeln
- 250 g Hokkaidokürbis
- 250 g Sellerie
- 1 große Knoblauchzehe
- 8 EL Öl

- 6 getrocknete Feigen
- 150 ml Wasser
- 3 EL Zitronensaft
- 4 EL mittelscharfer Senf
- 2 TL Salz
- frisch gemahlener Pfeffer

1 Den Backofen auf 180 °C vorheizen.

2 Karotten schälen und in 2 cm lange Stücke schneiden. Kartoffeln und Süßkartoffeln ungeschält in grobe Würfel schneiden. Hokkaidokürbis und Sellerie ebenfalls in Stücke zerteilen.

3 Den Knoblauch schälen, fein hacken und mit 3 EL Öl vermengen, anschließend über das Gemüse träufeln.

4 Im Backofen 15 min gabelzart garen.

5 Währenddessen im Mixer die Feigen mit 5 EL Öl, Wasser, Zitronensaft, Senf und Salz fein pürieren. Je nach Konsistenz muss noch etwas Flüssigkeit nachträglich zugefügt werden.

6 Das Dressing mit dem warmen Gemüse in eine Schüssel geben und vermengen. Nochmals mit Salz und frisch gemahlenem Pfeffer abschmecken und lauwarm servieren.

YEAH

Lens culinaris!

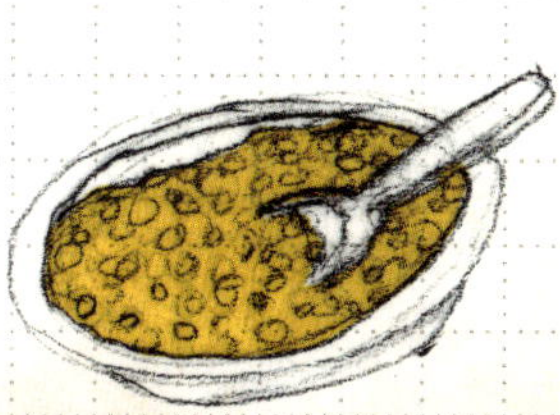

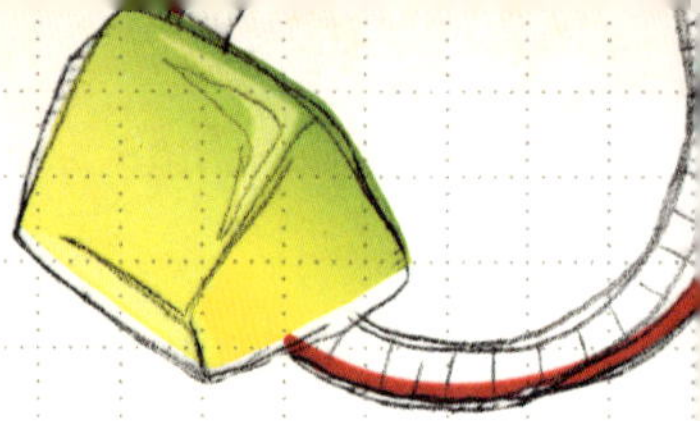

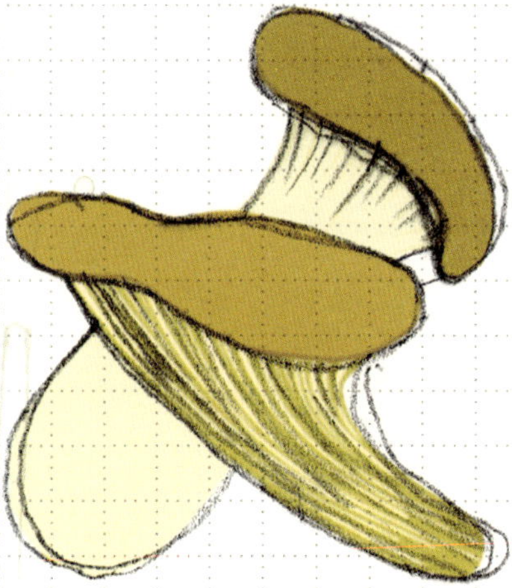

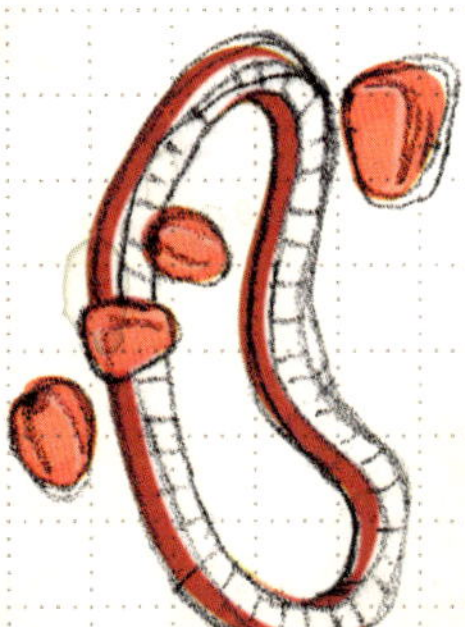

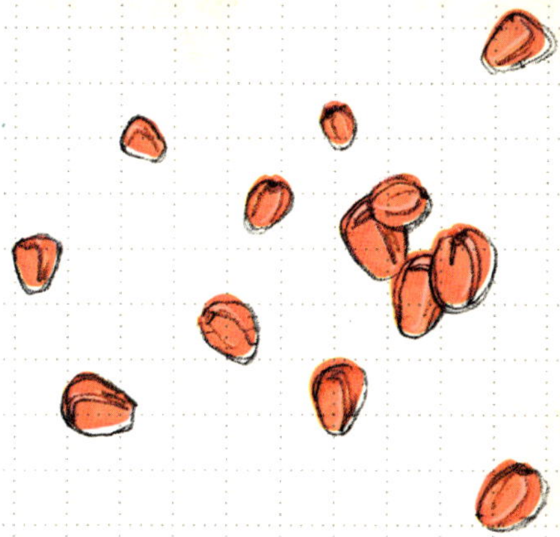

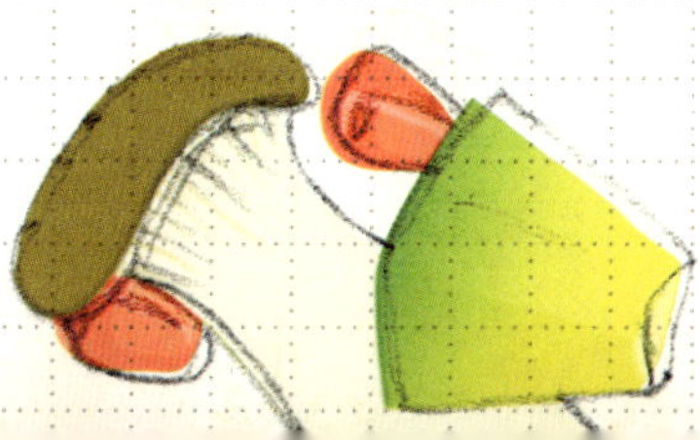

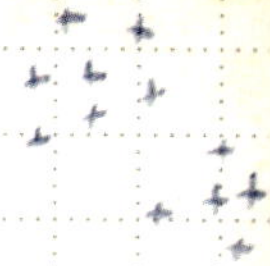

PAPPARDELLE MIT PISTAZIENPESTO

- 500 g Pappardelle
- 70g Pistazien
- 125ml Olivenöl
- 1 Knoblauchzehe
- 20g Basilikum
- 5 TL Zitronensaft
- 1 Prise Zucker
- 2 El Paniermehl
- 20g Mandelblättchen
- 1 ½ TL Salz
- frisch gemahlener Pfeffer

1 20 g Pistazien grob hacken und beiseite stellen. Die restlichen Pistazien, Öl, Knoblauch, Basilikum, Zitronensaft, Zucker und 1 TL Salz fein pürieren.

2 Das Paniermehl in einer Pfanne ohne Fett leicht goldbraun rösten und abkühlen lassen.

3 Die Mandelblättchen ebenfalls vorsichtig fettfrei anrösten und ausgebreitet auskühlen lassen.

4 Das Paniermehl mit den grob gehackten Pistazien zum Pesto geben und gut vermengen. Mit Salz und Pfeffer kräftig abschmecken.

5 Die Pappardelle nach Packungsangabe bissfest garen, abgießen und auf die Teller verteilen. Das Pesto darübergeben und mit den gerösteten Mandelblättchen und etwas Pfeffer bestreuen, sofort servieren.

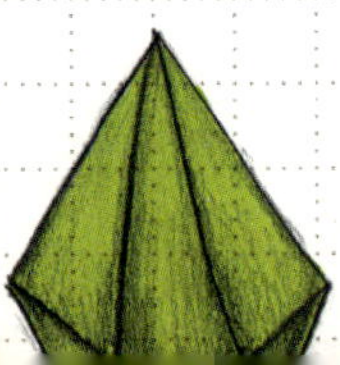

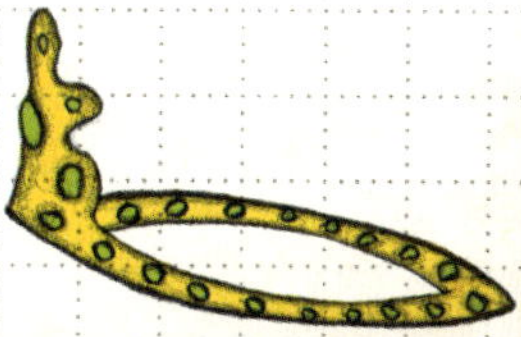

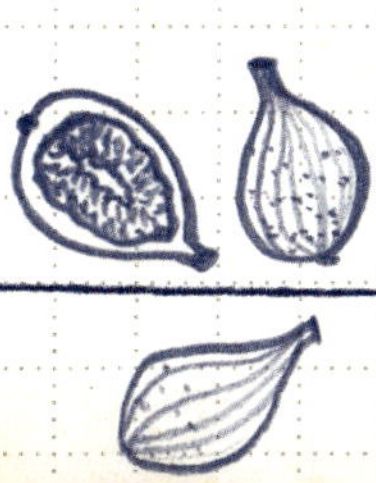

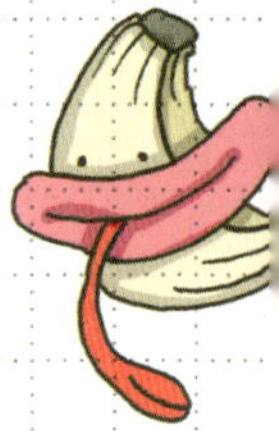

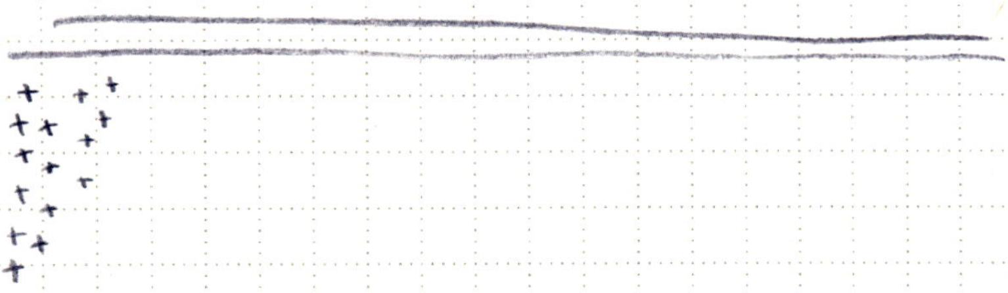

pray,
love,
Remembe

There's rosemary.

Spinat-Cranberry Risotto mit Pinienkernen

- 250 g Risottoreis
- 200 g Blattspinat (tiefgekühlt)
- 1 Zwiebel
- 1 Knoblauchzehe
- 100 ml Weißwein
- ½ l Gemüsebrühe
- ¼ TL Misopaste
- 50 g Cranberries
- 50 ml Sojasahne
- 30 g Pinienkerne
- frisch geriebene Muskatnuss
- frisch gemahlener Pfeffer
- Salz
- Olivenöl

1 Den Spinat über Nacht oder im Wasserbad auftauen.

2 Die Zwiebel und den Knoblauch schälen und in etwas Öl glasig anbraten. Den Reis zufügen und kurz mitbraten bis er glasig wird, dann mit dem Weißwein ablöschen.

3 Die Misopaste in der warmen Gemüsebrühe auflösen. Den Risotto ständig rühren. Sobald die Flüssigkeit aufgesaugt ist, etwas Brühe hinzugeben. Diesen Vorgang über die ganze Garzeit von 20–25 min wiederholen.

4 Nach 15 min die getrockneten Cranberries und die Sojasahne untermischen. Die Pinienkerne in einer Pfanne ohne Fett goldbraun anrösten und zum Risotto geben.

5 Wenn der Reis fast gar ist, den Spinat und eine Prise Muskatnuss einrühren. Weitergaren, bis der Risotto die Flüssigkeit aufgesaugt hat und schön cremig, aber noch bissfest ist.

6 Den Risotto nochmals kräftig mit Salz und Pfeffer abschmecken und sofort servieren.

Möhren-Haselnuß Gugel
mit Zitronen-Zuckerguß

1/2 Rezept für 9 Gugel

35g Möhre
1 EL Sojamehl
15g Puderzucker
1/4 Pck Vanillezucker
~~1 Msp Nelkenpulver~~
1/2 TL Zitronenschale
30 g Mehl
35 g Haselnüsse
1 Prs Salz

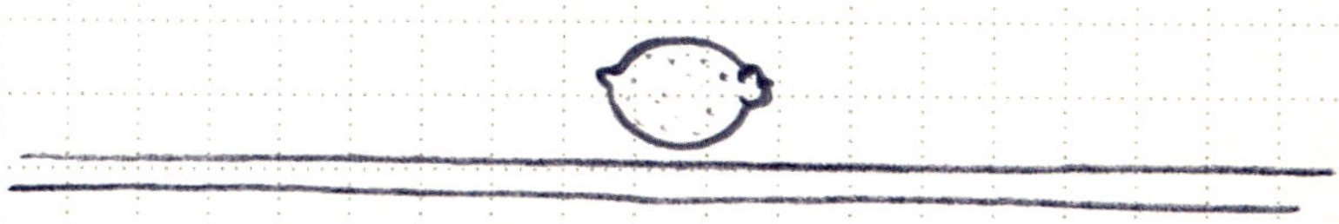

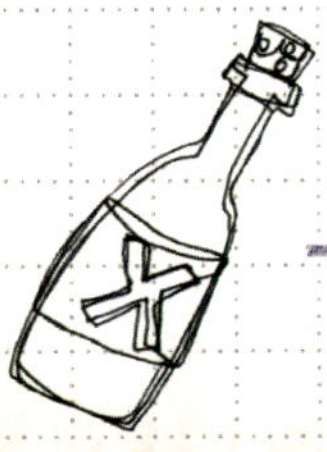

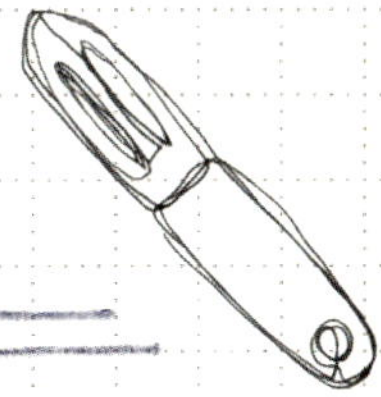

BON POUR LA MALADIE COELIAQUE
FAMILLE DES CHÉNOPODIACÉES
CHÉNOPODE

QUINC

BURRITOS MIT SÜSSKARTOFFELN & KIDNEYBOHNEN

- 400 g Süßkartoffeln
- 2 Dosen Kidneybohnen (à 400 g)
- 2 Dosen Tomaten (à 400 g)
- 4 Knoblauchzehen
- 2 rote Zwiebeln
- 1 Stück Ingwer (etwa 1 cm)
- 2 Chilischoten
- 2 1/2 TL gemahlener Kreuzkümmel
- 1 TL Koriandersamen
- 1 TL geräuchertes Paprikapulver
- 1/2 TL Zucker
- 2 EL Essig
- 3 weiche Avocados
- 4 EL Limettensaft
- 3 Tomaten
- 2 Romanasalatherzen
- 8 Tortillas
- Salz
- frisch gemahlener Pfeffer
- Öl

1 Zwei der Knoblauchzehen, Zwiebeln und Ingwer schälen, hacken und in Öl glasig anbraten. Süßkartoffeln schälen und in Würfel schneiden. Die Chilis fein hacken und beides zu den Zwiebeln geben. Mit den Dosentomaten ablöschen.

2 2 TL Kreuzkümmel, Koriander, Paprikapulver, Zucker und Essig untermischen. 15 min bei geringer Hitze garen. Anschließend die Kidneybohnen abtropfen und dazugeben, dann garen, bis die Kartoffeln weich sind.

3 Währenddessen die Avocados schälen und mit einer Gabel fein zerdrücken, mit Limettensaft beträufeln und mit dem verbliebenen Kreuzkümmel mischen. Die restlichen Knoblauchzehen schälen und hacken, Tomaten würfeln. Beides zur Avocadocreme geben. Mit Salz und Pfeffer abschmecken.

4 Salat in Streifen schneiden. Die Tortillas in der Pfanne kurz erhitzen. Die einzelnen Weizenfladen mit etwas Avocadocreme bestreichen und mit Salat bestreuen. Das heiße Bohnengemüse in die Mitte geben. Die Tortillas am Ende einklappen und fest einrollen. Mit etwas Acocadocreme servieren.

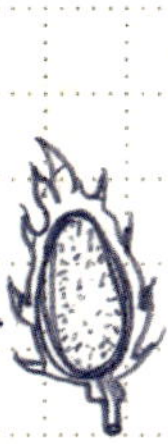

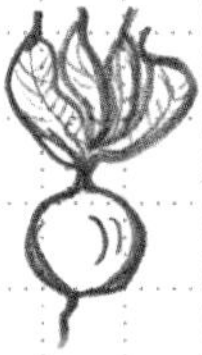

Denken statt wegwerfen

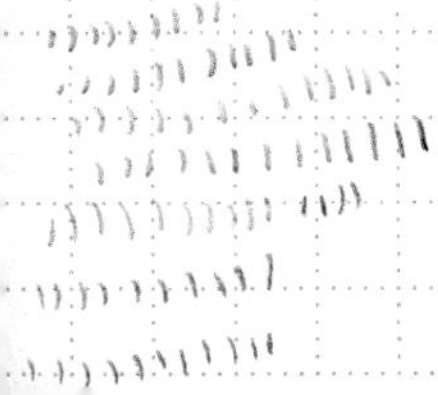

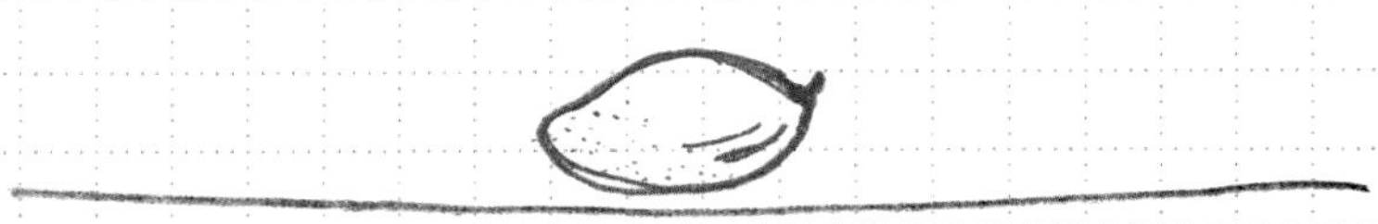

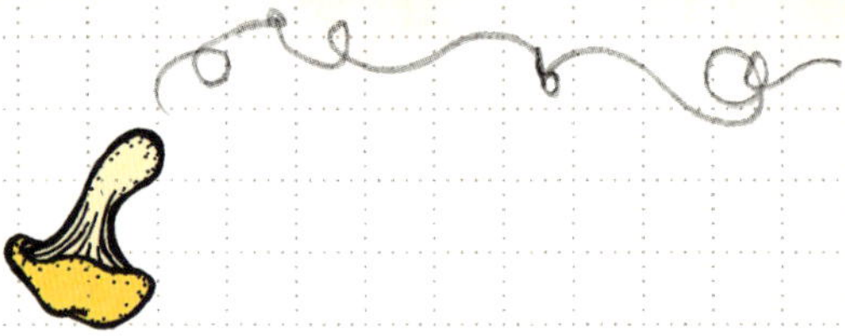

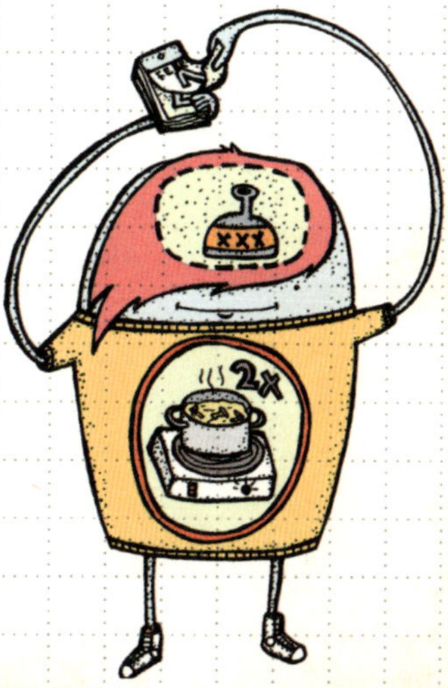
2x

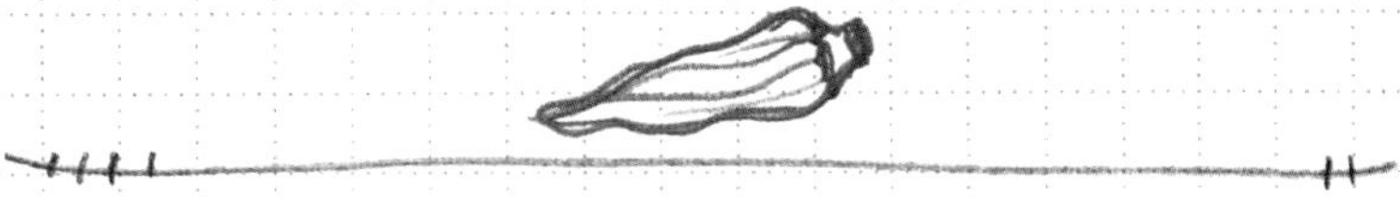

Pesto
15g Pinien
2 EL Öl
4 EL von d. Brühe
1 EL Zitronensaft
1/2 Bund Basilikum

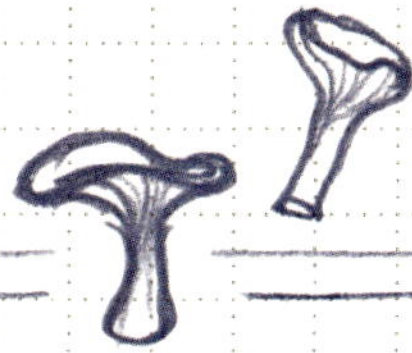

Thai-Curry mit Ananas + roter Paprika

- 400 g Basmati- oder Jasminreis
- 1 Ananas
- 3 rote Paprika
- 1 Zwiebel
- 1 Knoblauchzehe
- 1 rote Chilischote
- 1 TL gelbe Currypaste
- 1 TL rote Currypaste
- 400 ml Kokosmilch
- 1 Stange Zitronengras
- 1 Stück Ingwer (etwa 2 cm)
- 1 Stück Galgant (etwa 2 cm)
- 4 Kaffir-Limettenblätter
- 50 g Thai-Basilikum
- 250 ml Gemüsebrühe
- Zitronensaft
- Salz
- Olivenöl

1 Die Ananas schälen, vom Strunk befreien und in mundgerechte Stücke schneiden. Die Paprika grob würfeln. Zwiebel und Knoblauch schälen, fein hacken und in Öl glasig anbraten.

2 Die Chilischote sehr fein würfeln, mit den Currypasten in den Topf geben und mitbraten. Das Gemüse und die Ananas ebenfalls kurz mit den Gewürzen anbraten, dann mit Kokosmilch ablöschen. Zitronengras, Ingwer und Galgant grob hacken, mit den Limettenblättern in ein Gewürz-Ei geben oder fein hacken und lose mitkochen.

3 Die Gemüsebrühe zum Curry geben. Etwa 15 min bei geringer Hitze garen, bis die Paprika- und Ananasstücke bissfest sind. Mit Zitronensaft und Salz abschmecken.

4 Währendessen den Reis ohne Salz im Kocher oder im Topf mit der doppelten Menge Wasser zubereiten. Die Blätter des Thai-Basilikums ins Curry zupfen und 2–3 min mitgaren. Den Reis mithilfe eines Servierrings auf den Tellern anrichten. Jeweils eine Schöpfkelle Curry dazugeben.

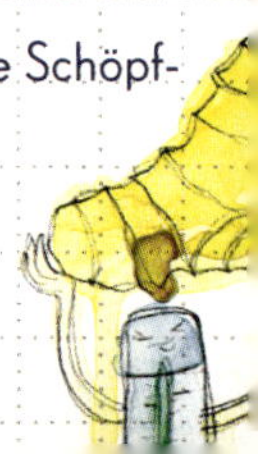

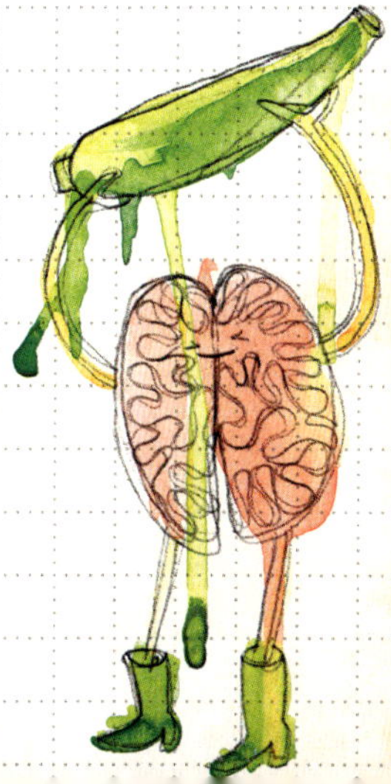

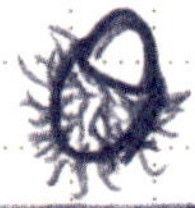

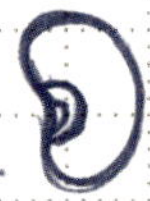

GÖTTER
FRUCHT

Käsekuchen

- 200 g Mehl
- 80 g Zucker
- 80 g rein pflanzliche Margarine
- 50 ml Sojamilch
- 1/3 Pck. Backpulver
- 2 EL Sojamehl
- 1 Prise Salz
- 1 kg Sojajoghurt, abgetropft über Nacht
- 1 kleine Vanilleschote
- 2 EL Sojamehl
- 3 EL Zucker
- 1 TL abgeriebene Zitronenschale
- 1/3 Pck. Agar-Agar
- 1/4 TL Backpulver

1 Den Sojajoghurt in ein Küchentuch geben und in einen Messbecher oder ein anderes hohes Gefäß hängen. Über Nacht abtropfen lassen.

2 Den Backofen auf 170 °C vorheizen. Alle Zutaten für den Teig gut verkneten und beiseite stellen.

3 Den abgetropften Joghurt in einem Topf erhitzen, das ausgeschabte Vanillemark und die Schote in den Topf geben. Sojamehl, Zucker und Zitronenschale zufügen, kurz aufkochen und 10 min mit geschlossenem Deckel ziehen lassen. Anschließend die Vanilleschote herausnehmen.

4 Agar-Agar in etwas Wasser auflösen und zum Joghurt geben, 2 min kochen lassen und vom Herd nehmen.

5 Den Teig ausrollen und in eine Springform geben, dabei einen etwa 3 cm hohen Rand stehen lassen.

6 Das Backpulver zur Füllung geben und diese in die Form gießen. Den Kuchen 50–60 min im Ofen backen. Danach die Oberfläche 5 min unter dem Grill bräunen.

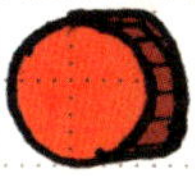

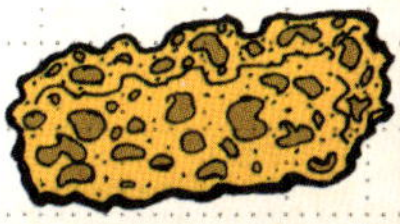

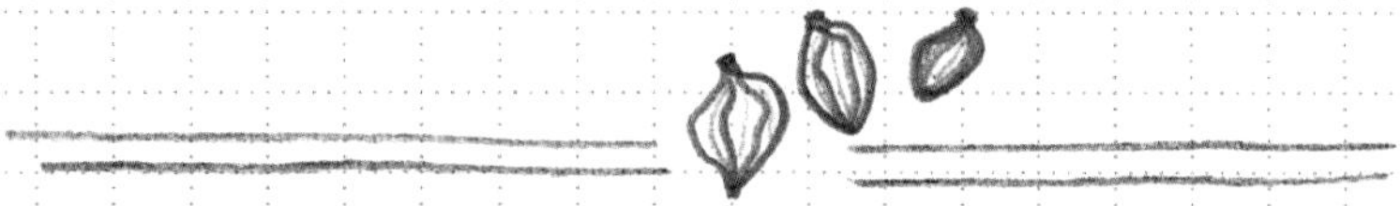

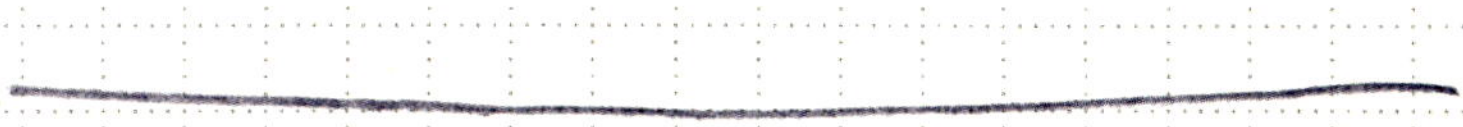

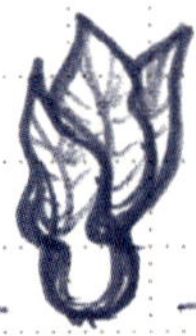

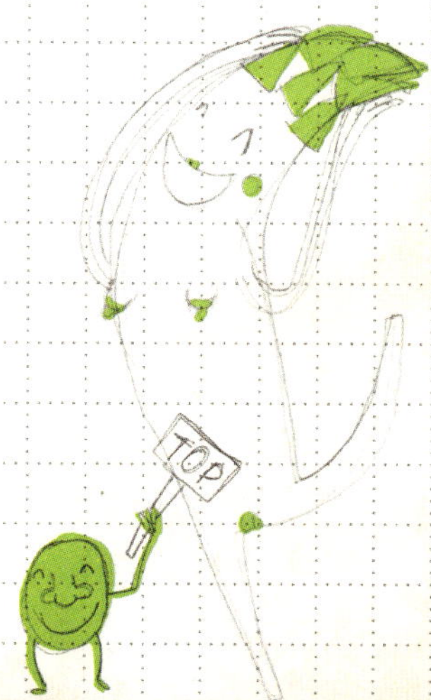
TOP

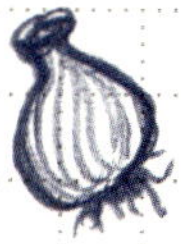

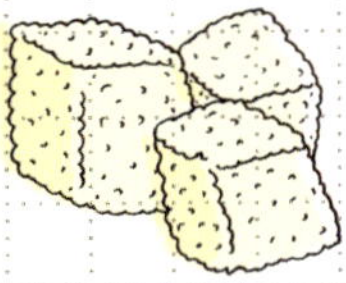

dampfnudelauflauf mit äpfeln

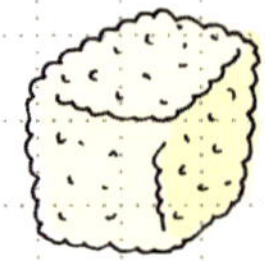

- 300ml Sojamilch
- 500g Mehl
- 100g rein pflanzliche Margarine
- 5 EL Zucker
- 2 Pck. Vanillezucker
- 1 Prise Salz
- 1 Pck. Trockenhefe
- 4 säuerliche Äpfel
- Saft von 1 Zitrone
- 150g gemahlene Mandeln

Vanillesauce:

- 250 ml Sojasahne
- 100 ml Sojamilch
- 1 Vanilleschote
- 3 EL Zucker
- 1 Prise Zimt

1 Für die Sauce Sojasahne und Sojamilch in einem Topf erhitzen. Das Vanillemark herausschaben und mit der Schote in die Milch geben. Zucker und Zimt zugeben. 10 min bei geringer Hitze ziehen lassen. Dann im geschlossenen Topf auskühlen lassen. Danach die Schote entfernen.

2 Inzwischen für den Teig 250 ml Sojamilch leicht erhitzen. Mit Mehl, Margarine, 2 EL Zucker, einer Packung Vanillezucker, Salz und der Hefe gut verkneten. An einem warmen Ort etwa 1 Stunde gehen lassen.

3 In der Zwischenzeit die Äpfel schälen und in Würfel schneiden, mit Zitronensaft beträufeln. 2 EL der Mandeln aufbewahren, den Rest mit 1 EL Zucker und der zweiten Packung Vanillezucker zu den Äpfeln geben.

4 Den Backofen auf 140 °C vorheizen. Die Obstmasse in eine gefettete Auflaufform geben. Die restliche Sojamilch mit 2 EL Zucker mischen und über das Obst gießen. Den Teig nach der Ruhezeit in groben Stücken darüberzupfen und die Form mit Alufolie abdecken.

5 Den Dampfnudelauflauf 20 min im Ofen backen. Dann in quadratische Stücke schneiden und auf die Teller verteilen, mit Vanillesauce übergießen und den restlichen Mandeln bestreuen.

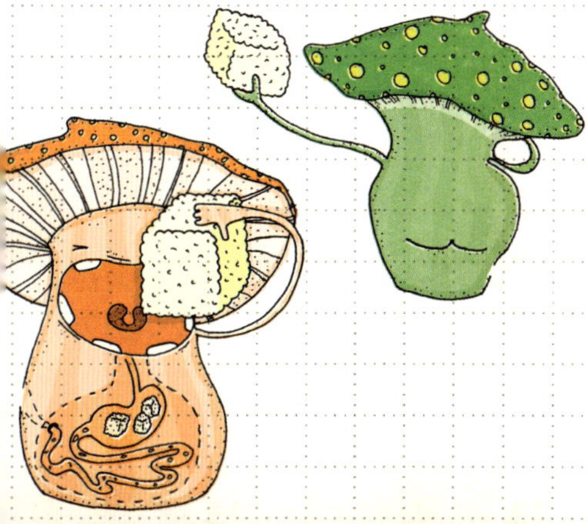

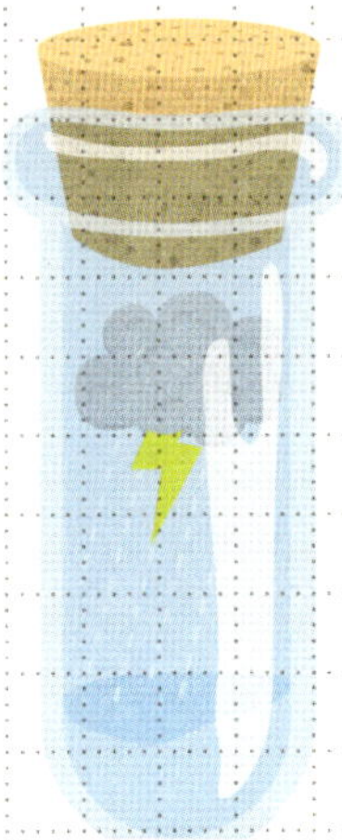

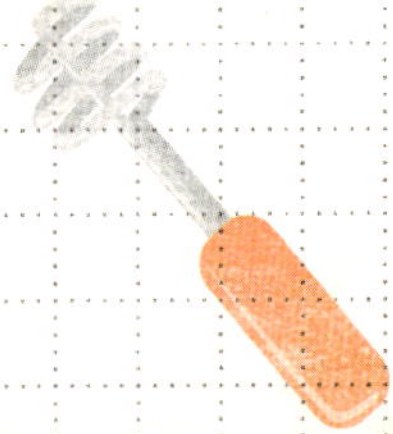

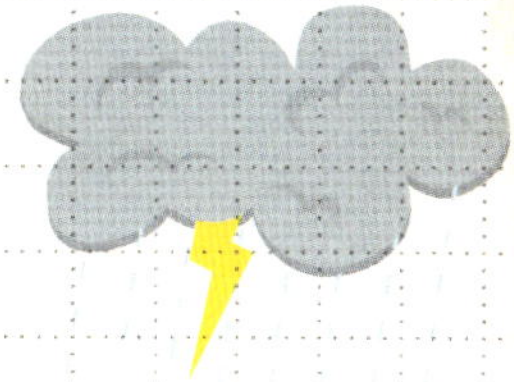

Ebenfalls erhältlich ...

ISBN 978-3-86244-180-8

ISBN 978-3-86244-259-1

ISBN 978-3-86244-131-0

ISBN 978-3-86244-300-0

CHRISTIAN

www.christian-verlag.de